# BEI GRIN MACHT SICH IHR WISSEN BEZAHLT

- Wir veröffentlichen Ihre Hausarbeit,
  Bachelor- und Masterarbeit

- Ihr eigenes eBook und Buch -
  weltweit in allen wichtigen Shops

- Verdienen Sie an jedem Verkauf

Jetzt bei www.GRIN.com hochladen
und kostenlos publizieren

# Trainingslehre. Trainingsplanung zum Muskelaufbau und zur Kraftsteigerung

Lars Gebhardt

**Bibliografische Information der Deutschen Nationalbibliothek:**

Die Deutsche Nationalbibliothek verzeichnet diese Publikation in der Deutschen Nationalbibliografie; detaillierte bibliografische Daten sind im Internet über http://dnb.d-nb.de abrufbar.

ISBN: 9783346325303
Dieses Buch ist auch als E-Book erhältlich.

© GRIN Publishing GmbH
Nymphenburger Straße 86
80636 München

Druck und Bindung: Books on Demand GmbH, Norderstedt Germany
Gedruckt auf säurefreiem Papier aus verantwortungsvollen Quellen

Das vorliegende Werk wurde sorgfältig erarbeitet. Dennoch übernehmen Autoren und Verlag für die Richtigkeit von Angaben, Hinweisen, Links und Ratschlägen sowie eventuelle Druckfehler keine Haftung.

Das Buch bei GRIN: https://www.grin.com/document/974691

Deutsche Hochschule für
Prävention und Gesundheitsmanagement
Hermann Neuberger Sportschule 3
66123 Saarbrücken

# Einsendeaufgabe

**Fachmodul:** **Trainingslehre I**

**Studiengang:** **Bachelor of Science Fitnessökonomie**

**Name, Vorname:** **Gebhardt, Lars Finn**

# Inhaltsverzeichnis

# 1  Teilaufgabe 1 - Diagnose

## 1.1  Allgemeine und biometrische Daten

**Tabelle 1:**

| Alter | 25 |
|---|---|
| Geschlecht | männlich |
| Körpergröße | 1,77 |
| Gewicht | 83kg |
| Fettanteil | 14,9kg/17,93% (gemessen mit Hautfaltenmessung Jackson & Pollock) |
| Muskelmasseanteil | 37kg/44,3% (gemessen mit Cardioscan) |
| Trainingsmotive | Muskelaufbau, Körperformung, Kraftsteigerung |
| Berufliche Tätigkeit | Dualer Student |
| Aktuelle und frühere sportliche Aktivität | Früher: Leichtathletik<br>Seit 9 Jahren kontinuierlich Kraftsport + Ausdauertraining<br>(Nach ILB Methode Leistungstrainierender) |
| Zeitlicher Verfügungsrahmen | 5 Trainingseinheiten pro Woche |
| Blutdruck | 106mmHg systolisch und 56mmHg diastolisch<br><br>Normwerte des Blutdrucks laut World Health Organisation (o.J.): optimaler Blutdruck: systolisch kleiner als 120mmHg, diastolisch kleiner als 80mmHg, in diesem Fall sind beide Werte im optimalen Bereich |
| Gesundheitliche Einschränkungen | Keine orthopädischen oder internistischen Probleme |
| Bewertung der Daten im Hinblick auf Belastbarkeit bzw. Trainierbarkeit der Person | Person L. hat keine körperlichen Einschränkungen, relativ hohes Fitnesslevel durch jahrelanges Kraft- und Ausdauertraining. Des Weiteren bringt die Person ein hohes Maß an Erfahrung mit sich und trainiert schon jahrelang strukturiert. |

## 1.2 Krafttestung

Da die Person bereits jahrelange Trainingserfahrung mit sich bringt und somit ein hohes Level an Fitness hat, wird die Krafttestung mit einem 1RM-Test durchgeführt. Die Intensitätsbestimmung des Tests wird in diesem Fall zudem auf Basis des subjektiven Belastungsempfindens durchgeführt. Grund hierfür ist, dass die Person durch jahrelange Trainingserfahrung über eine sehr gute Selbsteinschätzung verfügt.

Für die Kraftbestimmung werden hierbei lediglich Grundübungen gewählt, welche später auch im Trainingsplan vorhanden sein werden. Vor Beginn des Tests wird die Person ein ausführliches Aufwärmprogramm durchlaufen, um Verletzungen bei der Durchführung zu verhindern. Hierbei wird sich zuerst 10 Minuten am Crosstrainer aufgewärmt, da man hier optimal den Körper durch mehrere Muskelaktivitäten gleichzeitig aufwärmen kann. Anschließend wird ein dynamisches Dehnen mit allen beteiligten Muskelgruppen durchgeführt und vor Beginn jeder Übung 3 Sätze mit moderatem Gewicht und mindestens 12 Wiederholungen durchgeführt. Im Anschluss wird sich an das Maximalgewicht herangetastet. Hierfür führt die Person 1 Wiederholung mit einem für sie als hochempfundenem Gewicht aus. Bei einer erfolgreichen Wiederholung wird das Gewicht im folgenden Satz erhöht. Zwischen jedem Satz gibt es eine 1 /1/2minütige Pause und es gibt eine maximale Anzahl von 3 Testsätzen pro Übung.

Dieses Verfahren wurde danach auch an allen anderen ausgewählten Übungen, also Kniebeuge, Kreuzheben, Military Press und Lattzug durchgeführt.

### 1.2 Tabelle 2: Mehrwiederholungskrafttest mit 1Wiederholung (1-RM-Test)

|  | 1. Testsatz | 2. Testsatz | 3. Testsatz | Ergebnis des 1RM-Tests |
|---|---|---|---|---|
| Bankdrücken | 110kg | 120kg | 125 kg | 120kg |
| Kniebeuge | 140kg | 170kg | 180kg | 180kg |
| Kreuzheben | 160 kg | 170kg | 175kg | 175kg |
| Military Press | 70kg | 80kg | 82,5kg | 82,5kg |
| Lattzug | 90kg | 100kg | 110kg | 110kg |

4

Schlussfolgerungen bzw. Konsequenzen für die weitere Trainingssteuerung und Trainingsplanung:

Ein interindividueller Leistungsvergleich ist nicht möglich, da es viele Faktoren gibt, die die Ergebnisse des Maximalkraftwiederholungstests entscheidend beeinflussen, wie zum Beispiel Alter, Trainingsalter, Geschlecht sowie andere Umweltfaktoren wie der Zeitpunkt des Tests und die Art der Geräte.

Im Gegensatz dazu kann ein intraindividueller Leistungsvergleich, welcher die Dokumentation der Leistungsentwicklung beinhaltet, durch RE-Tests in gewissen Abständen durchgeführt werden. Das bedeutet, dass die 1 RM-Tests in gleichen Abständen wie z.B. nach jedem Mesozyklus unter gleichen Bedingungen (selbe Zeit, selbe Vorgehensweise, selbe Gegebenheiten etc.) wiederholt werden und im Anschluss mit den vorherigen Ergebnissen in Relation gesetzt werden.

Anhand dieser Auswertungen kann man nun die Trainingsintensitäten ableiten, welche ja nach Trainingsalter immer entweder höher oder niedriger sind. Da die Testperson bereits seit 9 Jahren Kraftsport ausübt, wird sie nach der ILB-Methode als Leistungstrainierender eingestuft und mit einer Intensität von 90-100% des X-RM Tests trainieren.

# 2 Trainingsplanung Krafttraining: Zielsetzung/Prognose

## 2.1 Tabelle 3: Zielsetzungen

| Inhalt | Ausmaß | Zeit | Begründung |
|---|---|---|---|
| Kraftsteigerung im Maximalgewicht | Mindestens 15% Steigerung des Maximalgewichts bei Bankdrücken, Kniebeugen und Kreuzheben | 6 Monate | Die Person will eine Kraftsteigerung erreichen. Auch wenn sie bereits dem Standard eines Leistungstrainierenden entspricht kann auch hierbei eine Steigerung von noch 15 % mit einem Fokus auf Grundübungen erzielt werden. Die Kraftsteigerung dient hierbei lediglich dem Ziel die Leistungsfähigkeit des Trainierenden zu verbessern. |

| Muskelaufbau/Körperformung | Steigerung der Muskelmasse um 1,5kg (gemessen mit Hautfaltenmessung und einem Cardioscan) | 6 Monate | Die Person hat angegeben, dass sie nach wie vor Muskeln aufbauen will um den Körper besser zu formen und symmetrischer auszusehen. Des Weiteren dient eine Muskelhypertrophie ebenfalls der Kraftsteigerung, welches eines der Hauptmotive des Trainierenden ist, |
| Fettanteil sinken | Verminderung des Anteils der Körperfettmasse um 3kg (gemessen mit Hautfaltenmessung nach Jackson & Pollock und einem Cardioscan) | 6 Monate | Die Person möchte ihren Körper formen, dazu wird der Fokus ebenfalls darauf gelegt um im Training so viel Kalorien wie möglich zu verbrennen, damit der allgemeine Körperfettanteil gesenkt wird. |

# 3 Trainingsplanung Makrozyklus:

## 3.1 Tabelle 4: Makrozyklusdarstellung

| | Mesozyklus I | Mesozyklus II | Mesozyklus III | Mesozyklus IV |
|---|---|---|---|---|
| Dauer | 8 Wochen | 6Wochen | 8 Wochen | 6 Wochen |
| Spezifisches Trainingsziel | Muskelaufbautraining (intensiv) | Maximalkrafttraining | Muskelaufbautraining (extensiv) | Kraftausdauertraining |
| Organisationsform | Split/Station | GK/Station | Split/Station | Split/Station |
| Häufigkeit/ Woche | 5 | 3 | 5 | 5 |
| Übungen/ Muskelgruppe | RM-Test 2 | RM-Test 1 | RM-Test 2 | RM-Test 2 |
| Sätze/Übung | 4 | 4 | 3 | 4 |
| Intensität | 90-100% des Ergebnisses des 8-RM-Tests | 90-100% des Ergebnisses des 1-RM-Tests | 90-100% des Ergebnisses des 12-RM-Tests | 90-100% des Ergebnisses des 20-RM-Tests |
| Wiederholungen | 8 | 1 | 12 | 20 |
| Bewegungstempo | TUT 2/0/2 | TUT 2/0/2 | TUT 1/0/1 | TUT 1/0/1 |
| Satzpausen | 60 sek. | 90 sek. | 60 sek. | 30 sek. |

Begründung der Wahl der übergeordneten Trainingsmethode:

Als übergeordnete Trainingsmethode wurde die individuelle-Leistungsbild-Methode (ILB-Methode) gewählt, da sie nicht nur für Anfänger, sondern auch für Fortgeschrittene und sogar Leistungstrainierende eine gute Methode darstellt, um realistische Trainingsintenstitäten festzulegen. Aufgrund der Tatsache, dass man mit 90-100 % der Kraft trainiert, konnte man hierbei den Test schon mit der Wiederholungsanzahl ausführen, welche auch später im Training verwendet wird.

Begründung der Belastungsparameter:

Für die Zyklen I, III und IV wurden jeweils 5 Trainingseinheiten pro Woche gewählt und für den Zyklus II 3 Trainingseinheiten pro Woche. Die Person hat angegeben, dass sie bereit ist, so viel Zeit wie möglich zu investieren, um ihr Ziel schnellstmöglich zu erreichen. Bei den Zyklen I, III und IV wurden jeweils 5 Trainingseinheiten gewählt, da laut Grigic und Schoenfeld (2019) bei Fortgeschrittenen eine höhere Trainingsfrequenz sinnvoll ist, da die Reize für den Muskelaufbau nicht mehr so schnell gesetzt werden können wie bei Anfängern. Bei dem zweiten Zyklus wurde allerdings auf eine höhere Trainingsfrequenz verzichtet, da die Testperson mit einem größeren Volumen trainieren wird (Ganzkörper) und zudem mit Maximalkraft. Laut Sandau (2020) benötigt der Körper und vor allem das zentrale Nervensystem hierbei einen längeren Zeitraum für die Regeneration als bei einem Splittraining.

Für die Anzahl der Übungen pro Muskelgruppe wurden bis auf den zweiten Zyklus immer 2 gewählt, da laut ILB-Methode 2 Übungen pro Muskelgruppe auch für einen Leistungstrainierenden bei hoher Intensität ausreichend sind.

Die Anzahl der Sätze pro Übung beträgt 3-4, da laut Preuß (2010) ein Mehrsatz-Training bei Fortgeschrittenen eine Notwendigkeit für eine kontinuierliche Kraftentwicklung ist.

Als Intensität für den Makrozyklus wurden immer 90-100 % des Ergebnisses des zuvor durchgeführten X-RM-Tests gewählt, da die Person laut ILB-Methode im Bereich des Leistungstrainierenden liegt und diese Intensität ausdrücklich empfohlen wird.

Begründung Organisationsform:

Für die Organisationsform wurde bei allen Mesozyklen bis auf den zweiten ein Splittraining gewählt. Grund hierfür ist, da bei Muskelaufbau- und Kraftausdauertraining bei fortgeschrittenen Trainierenden eine höhere Frequenz notwendig ist, um einen Muskelzu- . wachs und eine Kraftsteigerung zu erzielen (Grigic und Schoenfeld,2019). Bei dem zweiten Mesozyklus wurde auf eine höhere Frequenz, wie bereits oben erläutert, verzichtet, da bei einem Ganzkörpertraining und zusätzlich Maximalkrafttraining eine längere Regenerationsdauer notwendig ist.

Begründung der Periodisierung:

Für die Periodisierung wurde eine relativ neue Methode gewählt, nämlich die „Periodisierung zur Optimierung von Kraft und Hypertrophie" (Fisher, Steele 2018). Hierbei wird bei dem ersten Mesozyklus bereits mit einem intensiven Muskelaufbau Training gestartet, da die Person bereits ein relativ hohes Fitnesslevel mit sich bringt und im Anschluss darauf wird im zweiten Zyklus ein Ganzkörpertraining mit Maximalkraft durchgeführt. Dies bietet nicht nur eine gute Abwechslung vom Splittraining sondern ist laut Preuß (2010) auch eine sehr effektive Methode bei Fortgeschrittenen für die Kraftsteigerung. Darauffolgend wird auf ein extensives Muskelaufbau Training gewechselt, um dem Körper wieder etwas Regeneration von dem wochenlangen, schweren Training zu gewährleisten. Zum Abschluss des Zyklus wird für 6 Wochen Kraftausdauer trainiert, was nach Fisher und Steele (2018), durch eine andere Reizsetzung als bei Muskelaufbau und Maximalkrafttraining einen positiven Effekt auf die Kraftsteigerung und Muskelausdauer hat. Mit diesen abwechslungsreichen Zyklen sind alle Trainingsziele der Person abgedeckt.

# 4  TrainingsplanungMesozyklus

## 4.1  Tabelle 5: Darstellung des Mesozyklus II

| Zyklusdauer | 6 Wochen |
| --- | --- |
| Spezifisches Trainingsziel | Maximalkrafttraining |
| Trainingseinheiten pro Woche | 3 |
| Organisationsform | GK/Station |
| Übungen pro Muskelgruppe | 1 |
| Sätze pro Übung | 4 |
| Satzpausen | 90 sek. |
| Wiederholungszahl | 1 |
| Intensität | 90-100% des Ergebnisses des 1-RM-Test |
| Bewegungstempo | TUT 2/0/2 |

# 4.2 Tabelle 6: Übungsauswahl Mesozyklus II

| Übungen | Wiederho-lungen | Sätze | Satzpau-sen | Gewicht (90%-100 des Ergeb-nisses des 1-RM-Test) | Begründung der Übung |
|---|---|---|---|---|---|
| Kniebeuge | 1 | 4 (3 Auf-wärmsätze mit moderatem Gewicht) | 90 sek. | 180kg | Beanspruchte Muskulatur: breiter Vierköpfiger Oberschenkel-muskel, Gesäß, Bauchmusku-latur, unterer Rücken und den Hüftbeuger → Verbesserte Rumpfkraft (gut für andere Grundübungen wie Kreuzheben) + Hormo-nelle Reaktionen (Muskelauf-bau + Fettverbrennung) |
| Kreuzheben | 1 | 4 (3 Auf-wärmsätze mit 40-80% des maximal- Ge-wichts) | 90 sek. | 175kg | Beanspruchte Muskulatur: Beinbeuger, Beinstrecker, Ge-säß, unterer Rücken, Bauch, breiter Rückenmuskel und viele weitere Hilfsmuskel wie Waden, Arme etc. → Hormo-nelle Reaktionen (Muskelauf-bau + Fettverbrennung) + ver-besserte Rumpfmuskulatur, Haltungsverbessernd |
| Bankdrücken | 1 | 4 (3 Auf-wärmsätze mit 40-80% des maximal- Ge-wichts) | 90 sek. | 120kg | Beanspruchte Muskulatur: Brustmuskeln, Schulter, Tri-zeps, Bauchmuskulatur → Verbesserung der Haltung durch Trainieren der Schulter-muskulatur, verbesserte Rumpfmuskulatur, hormo-nelle Reaktionen (Muskelauf-bau+ Fettverbrennung) |

| | | | | | |
|---|---|---|---|---|---|
| Militarypress | 1 | 4 3 Aufwärmsätze mit 40-80% des maximal- Gewichts) | 90 sek. | 82,5kg | Beanspruchte Muskulatur: Schulter, Trizeps, Kapuzenmuskel, Sägemuskel, Bauchmuskulatur<br>→ Verbesserte Rumpfmuskulatur, verbesserte Haltung durch Training der Schultermuskulatur, hormonelle Reaktionen (Muskelaufbau + Fettverbrennung) |
| Lattzug | 1 | 4 (3 Aufwärmsätze mit 40-80% des maximal- Gewichts | 90 sek. | 110kg | Beanspruchte Muskulatur: Breiter Rückenmuskel, Rundmuskel, Rückenstrecker, Bizeps, Armbeuger<br>→ Haltungsverbesserung durch Training der oberen Rückenmuskulatur, hormonelle Reaktionen (Muskelaufbau + Fettverbrennung) |

Begründung des übergeordneten Konzepts der Übungsauswahl:

Alle ausgewählten Übungen sind bis auf den Lattzug am Kabelturm freie Übungen, da die Person durch ihre langjährige Trainingserfahrung bereits über ein gutes Körpergefühl verfügt und freie Übungen für fortgeschrittene Trainierende besser geeignet sind, da diese meistens mehrere Muskeln gleichzeitig aktivieren (Preuß, 2010). Im Bezug darauf wurde für das Maximalkrafttraining lediglich mehrgelenkige Übungen ausgewählt, bei denen mehrere Muskelgruppen gleichzeitig trainiert werden, um eine maximale hormonelle Reaktion des Körpers zu provozieren (Androulakis-Korakakis, 2018). Dies hat nicht nur positive Auswirkungen auf den Muskelaufbau und die Kraftsteigerung des Athleten, sondern ebenfalls auf die Fettverbrennung, da bei Grundübungen mehr Kalorien verbrannt werden, als bei isolierten Übungen wie z.B. an Geräten (Preuß, 2010). Bei allen Übungen wird sich zusätzlich vorher intensiv aufgewärmt, um das Verletzungsrisiko weitgehend zu minimieren.

Zudem haben alle ausgewählten Übungen eine haltungsverbessernde Wirkung, welche durch das Stärken der haltungsverbessernden Muskulatur hervorgerufen wird. Ein weiterer wichtiger Faktor bei der Übungsauswahl ist, dass bei allen Übungen bis auf den Lattzug die Rumpfmuskulatur gestärkt wird, welche bei den meisten mehrgelenkigen Übungen essentiell für deren Ausführung sind (Androulakis-Korakis, 2018).

# 5 Literaturrecherche: Effekte des Krafttrainings bei Rückenschmerzen

## 5.1 Tabelle 7: Studie 2: Effects of Whole-Body-Electromyostimulation on Low Back Pain - a Review of the Evidence

| | |
|---|---|
| Wer hat die Studie durchgeführt? | Weissenfels A., Teschler M., von Stengel S., Kohl M., Kemmler W. |
| In welchem Jahr wurde die Studie publiziert? | 2017 |
| Mit welchen Versuchspersonen wurden die Studien durchgeführt? | 36 Personen (11 Männer und 25 Frauen) mit häufigen lumbalen Rückenschmerzen (mind.5 auf einer 7-stufigen Skala) in einem Alter von 60 Jahren oder älter |
| Wie sah der Versuchsaufbau der Studien aus? | Bei der Studie wurden die 36 Personen unterteilt in eine Kontrollgruppe mit 19 Personen und eine Trainingsgruppe mit 17 Personen. Die Personen in der Trainingsgruppe trainierten 1,5x pro Woche mit Hilfe von EMS-Training für 16-25min pro Trainingseinheit. Das EMS-Training wurde mit dem Protokoll bipolar, 85Hz, 350 µs und rectangular durchgeführt, wobei die Reizdauer 4-6 Sekunden betrug und die Pausendauer 4 Sekunden. Während der 4-6-sekündigen Reizphase führten die Personen Übungen mit niedriger Intensität aus. In der Kontrollgruppe wurde das EMS-Training nur simuliert und niemand wusste in welcher Gruppe er war. Untersucht wurden bei der Studie die Wirkung von Ganzkörper-EMS-Training in Bezug auf Schmerzintensität und Schmerzhäufigkeit von Personen über 60 mit unspezifischen, häufigen Rückenschmerzen. |
| Welche relevanten Ergebnisse und Schlussfolgerungen lieferten die Studie? | Die Schmerzstärke hat sich in der Trainingsgruppe im Gegensatz zur Kontrollgruppe sehr positiv verändert. Für beide Gruppen wurde eine eindeutige Verbesserung der Schmerzhäufigkeit festgestellt. In der Trainingsgruppe war die Verbesserung zwar noch etwas höher, aber nicht sehr viel. |

## 5.2 Tabelle 8: Studie 2: Effekte maschinengestützten Krafttrainings in der Behandlung chronischen Rückenschmerzes

| | |
|---|---|
| Wer hat die Studie durchgeführt? | Stephan A., Goebel S., Schmidtbleicher D. |
| In welchem Jahr wurde die Studie publiziert? | 2011 |
| Mit welchen Versuchspersonen wurden die Studien durchgeführt? | 58 randomisierte Personen mit Rückenschmerz im Chronifizierungsstadium 1 mit moderatem Schmerzniveau im LWS Bereich. |
| Wie sah der Versuchsaufbau der Studien aus? | Alle 58 Personen absolvierten über 6 Monate 6-mal monatlich ein halbstündiges maschinengestütztes Krafttraining. Zur Messung von Schmerzen und Beeinträchtigungen wurden initial, nach 3 und 6 Monaten die Schmerzskalen Pain Severity (PS), Effects of Pain (EP), numerische Ratingskalen sowie der Owestry Disability Index (ODI) eingesetzt. |
| Welche relevanten Ergebnisse und Schlussfolgerungen lieferten die Studie? | Nach Abschluss des 6monatigen Trainingsprogramms reduzierte sich die mittlere Schmerzstärke durchschnittlich um 38%. Ebenfalls die Beeinträchtigungsskalen ODI und Effects of Pain EP wiesen eine deutliche Reduktion auf. |

# 6 Literaturverzeichnis

Grigic, J. & Schoenfeld, B.J. (2019). Resistance training frequency and skeletal muscle hypertrophy: A review of of available evidence. *Journal of Science and Medicine in Sport*, 22 (3), S. 361-370.

Fisher, J. & Steele P. (2018). Periodization for optimizing strength and hypertrophy; the forgotten variables. *Journal of Trainology*, 7 (1), S.10-15.

Androulakis-Korakakis, P. & Fisher, J. (2018). Reduced volume daily max training compared to higher volume periodized training in powerlifters preparing for competition – A pilot study. *Sports*, 6 (3), S.86

Sandau, L. (2020). Möglichkeiten und Grenzen des (Maximal-)Krafttrainings. *Aachen Meyer & Meyer 2020*, S.40-56.

Preuß, P. (2010). Muskuläre Leistung im Krafttraining. Analyse verschiedener Formen der Bewegungsausführung auf die Maximal- und Schnellkraft nach der Methode der submaximalen Kontraktionen bis zur Erschöpfung unter Berücksichtigung akuter hormoneller Auslenkungen. *Köln Deutsche Sporthochschule Köln 2010*, S.357

World Health Organisation (o.J.). *Blutdruck Normalwerte*. Zugriff am 06.03.2020 Verfügbar unter https://www.blutdruckdaten.de/lexikon/blutdruck-normalwerte.html

Weissenfels, A., Teschler, M., Stengel, S. von, Kohl, M. & Kemmler, W. (2017). Effects of Whole-Body-Electromyostimulation on Low Back Pain – a Review on the Evidence. *Deutsche Zeitschrift für Sportmedizin, 68*, 295-300.

Stephan A., Goebel S., Schmidtbleicher D.,Effekte maschinengestützten Krafttrainings in der Behandlung chronischen Rückenschmerzes. *Originalia* 62 (3), S.69-74.

# 7 Abbildungs- und Tabellenverzeichnis

## 7.1 Tabellenverzeichnis